Cette collection est réalisée en collaboration
avec le magazine *Prions en Église junior*.
http://www.prionseneglisejunior.fr

18, rue Barbès – 92120 Montrouge
Dépôt légal : janvier 2018
Tirage : juillet 2018
ISBN : 978-2-7470-9083-4

Loi 49-956 du 16 juillet 1949 sur les publications destinées à la jeunesse.

Texte d'Élodie Maurot
Illustrations de Charlotte Roederer

Les grandes fêtes des chrétiens

bayard jeunesse

Jésus aimait faire la fête ! Il a participé à des repas, à des mariages, à des fêtes religieuses... L'amour de Dieu rend Jésus heureux. Il peut te rendre heureux, toi aussi.

Dieu nous aime, chacun et chacune. Il veut que son amour nous rende plus vivants et plus heureux. Voilà l'Évangile, la « bonne nouvelle » annoncée par Jésus.

Tout au long de l'année, les chrétiens se réunissent pour fêter les grands moments de la vie de Jésus. Ce livre va t'aider à comprendre le sens de ces fêtes...

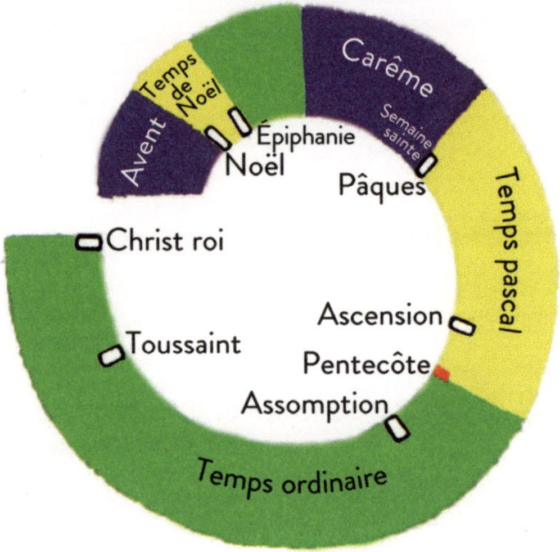

Voici les quatre grands moments de l'année des chrétiens :

- **l'avent :** quatre semaines pour se préparer à Noël.
- **le temps de Noël** : entre Noël et l'Épiphanie, nous fêtons la naissance de Jésus.
- **le carême :** 40 jours pour se préparer à Pâques.
- **le temps pascal** : entre Pâques et la Pentecôte, 50 jours pour fêter la résurrection de Jésus Christ.

Le reste de l'année s'appelle le « temps ordinaire ».

À chaque moment de l'année correspond une couleur :

- le jaune (blanc ou or) a été choisi pour les fêtes joyeuses qui rappellent la résurrection de Jésus Christ.
- le violet, pour les périodes de pénitence* et de préparation.
- le rouge, pour le dimanche des Rameaux, le vendredi Saint et la Pentecôte.
- le vert, pour le temps ordinaire.

Dans ce livre, pour chaque fête, une frise te donne la date de la fête, sa durée et sa couleur.

Tu y trouveras les fêtes des chrétiens catholiques*.
Deux signes indiquent si cette fête est partagée aussi par d'autres chrétiens, même s'ils la célèbrent parfois différemment :
Fête pour les chrétiens protestants*.
Fête pour les chrétiens orthodoxes*.

** La petite étoile signale les mots difficiles expliqués pages 60-61.*

L'avent et Noël

« Soyez sans crainte, je viens vous annoncer une bonne nouvelle, qui sera une grande joie pour tout le peuple : il vous est né aujourd'hui un sauveur. »

Évangile de Luc, chapitre 2, versets 10 et 11.

Début : 4 dimanches avant Noël Durée : 4 semaines

L'avent

Les chrétiens se préparent à la naissance de Jésus.

Jean-Baptiste est un prophète*, né juste avant Jésus. Il a proposé à ceux qu'il rencontrait de se convertir, c'est-à-dire de se tourner vers Dieu avec confiance. Il leur a dit de se préparer à la venue de Dieu en faisant la paix entre eux et avec Dieu.

Pendant l'avent, les chrétiens se préparent à la venue de Dieu, à Noël, aujourd'hui et demain...

« Avent » *signifie « venue, avènement », en latin.*

Bonne année ! *À l'école, l'année débute en septembre. Sur les calendriers, c'est en janvier... Et pour les chrétiens ? Au début de l'avent !*

Soyons prêts ! *« Dieu est comme un homme qui rentre de voyage », a dit Jésus. On ne sait jamais à quel moment il va arriver ! Jésus demande à ses disciples* de veiller, c'est-à-dire de se tenir prêts pour rencontrer Dieu. C'est aussi ce que l'on fait pendant l'avent.*

Vivre l'avent à l'église

Les bougies

Chaque dimanche de l'avent, on allume une bougie. La lumière rappelle que Jésus vient éclairer la vie des hommes.

Les textes de la Bible

Les textes lus à la messe pendant l'avent parlent de Marie qui attend la naissance de Jésus. Ils parlent aussi du « jour du Seigneur », ce moment mystérieux où Dieu viendra pour nous faire vivre dans une « terre nouvelle », sans guerre, sans mal, sans mort...*

Vivre l'avent à la maison

La couronne

Autrefois, des couronnes étaient données aux vainqueurs des combats. La couronne de l'avent montre que Jésus Christ, lui, est vainqueur de la mort.

Le calendrier

Ce calendrier a des petites fenêtres à ouvrir, une pour chaque jour de l'avent. Derrière, il y a une image, une phrase de la Bible ou... un chocolat !

La crèche

Pendant l'avent, on peut décorer la crèche, y placer les santons... sans mettre l'enfant Jésus ! Sais-tu que « santon » veut dire « petit saint » en provençal ?

Une maison en fête

Guirlandes, bougies, décorations... Pour Noël, la maison doit être ma-gni-fi-que !

Noël

Les chrétiens fêtent la naissance de Jésus Christ, fils de Dieu.

Dans la ville de Bethléem, en Judée*, un enfant vient de naître. C'est le fils de Dieu, Jésus le Christ*. On l'appelle aussi Emmanuel, ce qui veut dire Dieu-avec-nous.

À Noël, Dieu se fait proche. Il nous montre combien nous comptons pour lui.

Souvent, les hommes ont peur de Dieu. Ils l'imaginent comme un chef dur et sévère. Mais à Noël, Dieu n'a ni soldats ni serviteurs. Il se fait connaître comme un enfant, petit et fragile, qui a besoin des hommes pour grandir.

À Noël, Dieu nous montre qu'il veut être un père pour nous. Nous pouvons avoir confiance en lui.

Noël
vient du mot latin « natalis », qui veut dire « naissance ».

An zéro
Aujourd'hui, les spécialistes savent que Jésus Christ n'est pas né en l'an zéro, mais plutôt six ou quatre ans avant... Jésus-Christ !

Bien longtemps avant la naissance de Jésus, le prophète* Isaïe a annoncé qu'un enfant, un fils, serait envoyé par Dieu. Il lui a donné plusieurs noms : Merveilleux-Conseiller, Dieu fort, Père-à-jamais, Prince-de-la-Paix.

À Noël, les chrétiens se souviennent de tous ceux qui ont attendu la venue de Dieu. Dieu a tenu sa promesse !

Les premiers chrétiens ne fêtaient pas la naissance de Jésus. Mais vers l'an 300, certains chrétiens ont dit que Jésus Christ n'était pas vraiment un homme. On a alors fêté la naissance de Jésus pour rappeler que Jésus est bien un homme… puisqu'il est né !

À Noël, les chrétiens fêtent Jésus Christ, Dieu parmi les hommes. Il est vrai homme et vrai Dieu.

La famille du roi David
Jésus est un descendant du roi David. David a été choisi par Dieu pour guider son peuple, mille ans avant la naissance de Jésus.

25 décembre ?
On fête Noël le 25 décembre parce que, à ce moment de l'hiver, les jours deviennent plus longs. À cette date, les Romains faisaient de grands festins en l'honneur du dieu Saturne et, en Orient, on fêtait le dieu soleil Mithra.

Fêter Noël à l'église

La veillée

Avant la messe de Noël, les chrétiens se rassemblent pour lire des textes et chanter des chants de Noël. Les bougies et l'étoile de la crèche rappellent que Jésus est la lumière des hommes.

La messe de la nuit

On fête Noël le 24 décembre lorsque la nuit est tombée, parfois à minuit, parfois un peu avant... Il y a aussi une messe de Noël le 25 décembre.

La crèche vivante

À Noël 1223, saint François d'Assise a eu l'idée de faire venir de vrais animaux et de vrais bergers pour aider les chrétiens à imaginer la naissance de Jésus. Aujourd'hui, des enfants jouent parfois les personnages de la crèche pendant la veillée de Noël.

Fêter Noël à la maison

Le sapin

Le sapin de Noël est une décoration qui vient d'Allemagne. Il est le signe de la vie, car il reste vert même en hiver.

La bûche de Noël

Autrefois, on mettait une bûche de bois au feu avant d'aller à la messe de Noël.
Maintenant, on a l'électricité pour se chauffer, et la bûche... on la mange !

Chantons !

En Angleterre, les chants de Noël, appelés « Christmas Carols », sont très connus.
En Roumanie, on passe toute la nuit de Noël à visiter ses amis et à chanter à leur porte.

La crèche

En revenant de la messe de la nuit, on peut enfin mettre l'enfant Jésus dans la crèche !

L'Épiphanie

Les chrétiens fêtent la venue de Jésus Christ pour tous les hommes.

L'Évangile raconte que des savants, des mages, sont venus d'Orient pour rendre visite à l'enfant Jésus. Ils lui ont offert des cadeaux précieux : de l'or, de l'encens* et de la myrrhe*. Ils ont reconnu que Jésus est l'envoyé de Dieu.

La fête de l'Épiphanie montre que Jésus vient pour tous les hommes, même pour ceux qui sont très loin de Dieu.

Fêter l'Épiphanie à la maison

Au XVᵉ siècle, à l'époque des grands explorateurs, on a attribué à chaque roi mage un continent pour montrer que tous les hommes de tous les pays peuvent aimer Jésus Christ.

Le jour de l'Épiphanie, qu'on appelle aussi fête des Rois, on peut placer les rois mages dans la crèche.
On mange la galette des rois.
Celui qui trouve la fève est le roi ou la reine !

« Épiphanie » *veut dire « manifestation » en grec.*

Les chrétiens orthodoxes, *en Grèce ou en Roumanie, fêtent l'Épiphanie le 6 janvier, au moment du baptême de Jésus. À cette date, les chrétiens orthodoxes de Russie fêtent Noël car ils ont un autre calendrier.*

Le carême, Pâques et le temps pascal

« Pourquoi cherchez-vous le vivant parmi les morts ?
Il n'est pas ici, il est ressuscité. »

Évangile de Luc, chapitre 24, versets 5 et 6.

Début : Mercredi des Cendres *Durée* : 40 jours

Le carême

Les chrétiens se préparent pour Pâques.

Les quarante jours du carême rappellent les quarante jours que Jésus a passés au désert. Là, Jésus a prié Dieu et il a jeûné*. Il a aussi été tenté d'oublier Dieu et de profiter du pouvoir et des richesses. Mais Jésus a résisté : il a choisi de mettre l'amour de Dieu à la première place dans sa vie.

Pendant le carême, les chrétiens font comme Jésus : ils cherchent à se libérer de ce qui les retient loin de Dieu.

Carême
vient du latin « quadragesima » qui veut dire « quarantaine », période de quarante jours.

Les Hébreux*
ont, eux, passé quarante ans dans le désert. Ils fuyaient le pays d'Égypte, où ils étaient esclaves. Conduits par Moïse, ils ont marché vers la terre de liberté que Dieu leur avait promise.

Vivre le carême à l'église

Le mercredi des Cendres, premier jour du carême, les chrétiens se réunissent pour commencer ensemble le carême.

Avec un peu de cendre, le prêtre trace une croix sur le front (ou parfois sur la main) de chaque chrétien en disant : « Convertissez-vous et croyez à l'Évangile. »

La cendre est le signe de la pénitence, du regret de notre péché*. Mettre de la cendre sur sa tête est un geste très ancien. Celui qui le fait montre qu'il veut redevenir l'ami de Dieu.*

Vivre le carême à la maison

La prière

Pendant le carême, les chrétiens prennent plus de temps pour prier. Ils méditent la Parole de Dieu dans la Bible.*

La lecture

Le carême est un bon moment pour lire des livres sur Dieu. Notre intelligence nous aide à mieux le connaître.

Le jeûne*

Nous priver de nourriture, vivre plus simplement, c'est une manière de redonner à Dieu la première place dans notre vie.

Le partage

Pendant le carême, les chrétiens essaient de donner de leur temps, de partager leur argent, ce qu'ils connaissent et savent faire, surtout avec les plus pauvres.

Le dimanche des Rameaux

Les chrétiens se souviennent de l'entrée de Jésus dans Jérusalem, la ville du roi David. Jésus a été accueilli comme le Messie*, l'envoyé de Dieu : les habitants ont fait un tapis avec leurs manteaux et porté des branches, comme on le faisait pour les personnages importants. Ils ont fêté Jésus comme un roi, mais ont-ils vraiment compris qui il est ?

Le dimanche des Rameaux, dernier dimanche avant Pâques, les chrétiens se retrouvent à l'extérieur de l'église. En signe de fête, ils portent des feuillages bénits* qu'ils garderont ensuite chez eux.

La Semaine sainte *commence le dimanche des Rameaux. C'est la dernière semaine du carême. Les chrétiens se souviennent des derniers jours de la vie de Jésus.*

La fête des Rameaux *a plusieurs noms. On l'appelle aussi le dimanche de la Passion, des fleurs, des palmes ou encore les Pâques fleuries.*

Le Jeudi saint

Les chrétiens se souviennent du dernier repas de Jésus.
À ce moment de sa vie, Jésus sait que les chefs religieux vont le mettre à mort. On lui reproche de dire que l'amour compte plus que les commandements religieux. Avant d'être arrêté, Jésus réunit ses amis pour un dernier repas. On appelle ce repas la Cène.

Devant ses amis, Jésus fait deux gestes pour montrer qu'il est prêt à « donner sa vie », à mourir pour rester fidèle à Dieu et à son message d'amour.

Il prend du pain et du vin, il dit une prière, puis il les donne à ses amis en disant : « Ceci est mon corps..., Ceci est mon sang. »

Comme un serviteur, il lave et essuie les pieds de ses disciples*.

Aujourd'hui,
le Jeudi saint, les chrétiens refont les deux gestes de Jésus. Ils prient aussi tard le soir en souvenir de la nuit où Jésus a été arrêté.

Le Vendredi saint

Ce jour-là, Jésus a été arrêté, malmené et cloué sur une croix. Comme un bandit ! Jésus n'a pas voulu souffrir. S'il accepte la mort, c'est pour que les hommes comprennent enfin que Dieu est un Père qui les aime gratuitement.
Le Vendredi saint, les chrétiens se souviennent de la condamnation et de la mort de Jésus.

Le Vendredi saint, les chrétiens lisent le récit de la dernière journée de Jésus. Ils viennent près de la croix : ils la touchent ou l'embrassent en signe de respect. Cet objet, qui rappelle la mort de Jésus, rappelle aussi que Jésus a dit : « Il n'y a pas de plus grand amour que de donner sa vie pour ses amis. »

Le chemin de croix *rappelle les étapes du chemin de Jésus vers la croix. Il a lieu le Vendredi saint après-midi dans les églises.*

Le Samedi saint *est un jour de silence et d'attente. Les cloches ne sonnent pas. Dans les églises, il n'y a ni messe ni rassemblement particulier. Chez eux, les chrétiens prient et se préparent pour Pâques.*

Entre le 22 mars et le 25 avril

Pâques

Les chrétiens fêtent la résurrection de Jésus Christ.

Au petit matin, les femmes viennent au tombeau où a été déposé le corps de Jésus. Elles sont tristes parce que Jésus est mort. Mais quand elles arrivent, le tombeau est ouvert et le corps de Jésus n'est plus là ! On leur annonce que Jésus est vivant : il est ressuscité !

À Pâques, les chrétiens fêtent Jésus Christ vivant pour toujours.
Ils fêtent l'amour de Dieu plus puissant que la mort.
Pâques est la plus grande des fêtes.

Pâques
est le seul événement que les chrétiens ont fêté dès le début, tous les dimanches, jour de la résurrection de Jésus. Au IIe siècle, ils ont choisi une date dans l'année pour cette « fête des fêtes ».

Plus ancienne que la fête chrétienne, Pâque est une fête juive. Les juifs* se souviennent de la traversée de la mer Rouge : ils sont passés d'un pays d'esclavage à une terre de liberté donnée par Dieu. En hébreu, « Pâque » veut dire « passage ».

À Pâques, les chrétiens fêtent le passage de Jésus Christ de la mort à la vie de Dieu.

Après sa résurrection, Jésus a rencontré ses disciples d'une manière mystérieuse. Il leur a fait comprendre qu'il était vivant d'une vie nouvelle et différente. Jésus, qui a mis toute sa confiance en Dieu, a été relevé de la mort par l'amour de Dieu.

À Pâques, les chrétiens essaient de mieux comprendre le mystère* de la Résurrection.

La Pâque juive
Jésus a fêté la Pâque juive avec ses disciples. C'est même pendant cette fête qu'il a pris avec eux son dernier repas.

La date de Pâques
Pour les chrétiens catholiques et protestants, Pâques a lieu le dimanche après la pleine lune qui suit le premier jour du printemps. La fête tombe entre le 22 mars et le 25 avril. Pour les orthodoxes, qui ont un autre calendrier, Pâques est le plus souvent un peu plus tard, en avril ou en mai, jamais en mars.

Fêter Pâques à l'église

Le Samedi saint, à la nuit tombée, les chrétiens se rassemblent pour fêter la résurrection de Jésus. C'est la veillée pascale. On fête aussi Pâques à l'église le lendemain matin : c'est le dimanche de Pâques.

Le feu de Pâques

On allume un grand feu pour dire que Jésus Christ est vivant.

Le cierge pascal

Cette grande bougie représente le Christ ressuscité. Elle est allumée avec la flamme du feu de Pâques. Elle brillera ensuite lors des messes, des baptêmes, des mariages, des enterrements...

Les lumières

Chaque chrétien porte une bougie allumée avec la flamme du cierge pascal. En recevant cette lumière, nous aussi, nous recevons la vie nouvelle de Dieu.

Les lectures de la Bible

La nuit de Pâques, on lit des textes de la Bible qui rappellent la longue histoire de Dieu avec les hommes, depuis la création du monde jusqu'à la résurrection de Jésus. Avant la lecture de l'Évangile, on chante l'Alléluia, un chant de fête. En hébreu, « Alléluia » veut dire « Louez Dieu ».

Les baptêmes

Très souvent, des adultes et des enfants reçoivent le baptême la nuit de Pâques. Celui qui est baptisé passe de la mort à la vie de Dieu. Il est plongé dans l'eau comme dans la vie nouvelle donnée par Dieu. Il devient enfant de Dieu et entre dans la famille des chrétiens.*

Pâques chez les autres chrétiens

Pour tous les chrétiens, Pâques est la fête la plus importante de l'année.

Les chrétiens protestants fêtent souvent Pâques au petit matin, au moment où le jour se lève. Parfois, ils organisent des marches dans la nuit du samedi au dimanche de Pâques : ils font comme Pierre et Jean, les amis de Jésus, qui ont marché vers son tombeau le matin de Pâques.

Les chrétiens orthodoxes se rassemblent pour fêter Pâques le Samedi saint, souvent à minuit. Ils font trois fois le tour de l'église en portant des bougies allumées et en chantant. Le prêtre dit : « Le Christ est ressuscité ! » et la foule répond : « Il est vraiment ressuscité ! »
La semaine qui suit Pâques est appelée « la semaine illuminée ».

Fêter Pâques à la maison

Le « bonjour » de Pâques

Dans certains pays, comme en Grèce, le matin de Pâques, les chrétiens se saluent en disant : « Christ est ressuscité ! »

Le repas de Pâques

À Pâques, on se réunit en famille ou avec des amis pour faire un repas de fête.

Tout en chocolat !

Les œufs et les lapins sont des signes de la vie. Les cloches, elles, annoncent la résurrection de Jésus Christ. Tout cela est délicieux en chocolat...

Les œufs peints

En Europe de l'Est, on peint de vrais œufs pendant le carême et on les offre à Pâques.

L'Ascension

Les chrétiens fêtent le départ de Jésus.

Après Pâques, Jésus se rend présent d'une manière mystérieuse à ses disciples. Il leur annonce son départ, et il leur dit qu'ils recevront bientôt la force d'amour de Dieu, l'Esprit saint. Avant de les quitter, il leur confie une mission : annoncer l'Évangile à tous les hommes.

Quarante jours après Pâques, un jeudi, les chrétiens fêtent l'Ascension, la « montée » de Jésus au ciel, près de son père. Cela ne veut pas dire que Jésus a pris l'ascenseur ou une fusée ! C'est une image pour dire que Jésus vit maintenant auprès de Dieu.

Envol ?
Au Moyen Âge, à l'Ascension, on faisait disparaître une statue ou une croix par le haut de l'église pour montrer que Jésus était revenu auprès de son Père. Le problème, c'est que les gens ont parfois imaginé que Jésus s'était vraiment envolé...

La Pentecôte

Les chrétiens fêtent l'Esprit saint donné aux disciples de Jésus.

Cinquante jours après Pâques, les disciples de Jésus ont reçu l'Esprit saint, le souffle de vie et d'amour de Dieu. Remplis de la force de Dieu, ils vont partir annoncer la résurrection de Jésus Christ jusqu'au bout du monde.

À la Pentecôte, les chrétiens fêtent le don de l'Esprit saint et la naissance de l'Église, la famille des chrétiens.
L'Esprit saint fait de nous des enfants de Dieu.
Il nous donne la force d'aimer, de pardonner et de vivre comme Jésus.

L'Esprit saint
ne se voit pas, mais on le représente souvent par une colombe, signe de la paix, par des flammes ou un feu brûlant comme l'amour.

Pentecôte juive
À l'époque de Jésus, à la Pentecôte, les juifs fêtaient le jour où Dieu a donné les commandements de la Loi* à Moïse.*

Les autres fêtes des chrétiens

« Louez Dieu, tous les peuples !
Fêtez-le, tous les pays !
Fort est son amour pour nous. »

Psaume 117

L'Assomption

Les chrétiens fêtent Marie.

Marie est la mère de Jésus. Elle a toujours eu confiance en Dieu. Elle a accepté de donner naissance à Jésus et de l'aider à grandir. Elle a écouté ce qu'il disait de Dieu et elle l'a suivi jusqu'au pied de la croix. Au matin de Pâques, elle a cru que Jésus était bien ressuscité et vivant.

Le 15 août, les chrétiens catholiques fêtent l’Assomption de Marie. Pour eux, juste après sa mort, Marie est entrée tout entière dans la vie de Dieu. C’est ce qu’ils espèrent pour eux aussi.

Les chrétiens orthodoxes *fêtent, eux aussi, la résurrection de Marie le 15 août. Pour eux, cette fête s’appelle la Dormition de la Sainte Mère de Dieu.*

Les chrétiens protestants *ont beaucoup de respect pour Marie, mais ils ne fêtent pas l’Assomption, parce qu’on n’en parle pas dans les évangiles.*

La Toussaint

Les chrétiens fêtent tous les saints.

Les saints sont des hommes et des femmes chrétiens qui ont aimé Dieu et les autres de toutes leurs forces. Ils ont eu des vies très différentes : il y a des martyrs*, des moines*, des théologiens*, des infirmières, des aventuriers… Certains sont très connus, d'autres sont complètement inconnus.

Le 1er novembre, à la Toussaint, les chrétiens catholiques fêtent tous les saints. C'est la fête de la « communion des saints », la grande famille des amis de Dieu d'hier et d'aujourd'hui.

Les chrétiens orthodoxes *fêtent les saints le premier dimanche après la Pentecôte.*

Les chrétiens protestants *ne fêtent pas les saints, mais ils aiment rappeler la vie des amis de Dieu.*

Le 2 novembre, *le lendemain de la Toussaint, les chrétiens vont fleurir les tombes des morts. Ils croient à la vie éternelle, une vie donnée par Dieu plus forte que la mort.*

Les autres fêtes

L'Immaculée Conception, le 8 décembre

Les chrétiens catholiques fêtent Marie, qui est sans péché depuis le début de sa vie.*

Le baptême de Jésus, au début du mois de janvier

Jésus reçoit le baptême de Jean-Baptiste. Il fait le geste de ceux qui veulent devenir amis de Dieu.*

La semaine de prière pour l'unité des chrétiens, du 18 au 25 janvier

Pendant une semaine, les chrétiens catholiques, protestants et orthodoxes se réunissent pour prier ensemble, mieux se connaître et se réconcilier.*

La présentation de Jésus au Temple, le 2 février

Nous fêtons le jour où Jésus a été présenté au Temple, comme tous les nouveau-nés juifs*. Pour cette fête, qui s'appelle aussi la Chandeleur, on fait des crêpes à la maison.*

L'Annonciation, le 25 mars

Marie apprend qu'elle va être la mère de Jésus Christ, le fils de Dieu.

La Visitation, le 31 mai

Marie rend visite à sa cousine Élisabeth qui, elle aussi, est enceinte. Élisabeth et l'enfant qu'elle porte, Jean-Baptiste, sont pleins de joie car Jésus va bientôt naître.

La fête de la Sainte Trinité,
le 1er dimanche après la Pentecôte

« Trinité » veut dire « trois en un ». C'est un mot que les chrétiens ont inventé pour dire un grand mystère : ils croient en un seul Dieu qui est à la fois Père, Fils et Esprit.*

La fête du Corps et du Sang du Christ,
le 2e dimanche après la Pentecôte

C'est la fête du pain et du vin devenus Corps et Sang du Christ pendant la messe. Ils sont le signe de la présence de Dieu parmi nous.

La fête du Sacré Cœur de Jésus,
le vendredi qui suit la fête du Corps et du Sang du Christ

C'est la fête de l'amour infini de Dieu pour tous les hommes.

La transfiguration de Jésus, le 6 août

Un jour, Jésus emmène trois disciples sur une haute montagne. Pendant qu'il prie, son visage devient tout autre, comme transfiguré*

La naissance de Marie, le 8 septembre

Marie est née. Elle deviendra la mère du Sauveur, Jésus Christ.*

La fête du Christ roi, le dernier dimanche de l'année liturgique (avant le 1er dimanche de l'avent)

Jésus Christ est fêté comme un roi qui ne ressemble à aucun autre roi : il est un roi d'amour et de paix. C'est la dernière fête de l'année.

Le dimanche

Les chrétiens fêtent la résurrection de Jésus Christ.

Dès le début, les premiers chrétiens ont décidé de se retrouver chaque dimanche, jour de la résurrection du Seigneur*. Ensemble, ils lisent la Parole de Dieu dans la Bible et partagent le pain en souvenir de Jésus. La vie de la première communauté chrétienne est décrite dans les Actes des Apôtres, un livre de la Bible.

Aujourd'hui encore, les chrétiens fêtent la résurrection de Jésus Christ le dimanche. C'est pour eux le premier jour de la semaine et un jour de fête. Ils vont à l'église pour la messe : ils écoutent la Parole de Dieu. Ils disent leur foi* en récitant un texte, le Credo (cela veut dire « Je crois » en latin). Ils célèbrent l'eucharistie, une grande prière pour dire merci à Dieu, où ils refont les gestes de Jésus à son dernier repas.

Le dimanche, *tous les chrétiens fêtent la résurrection de Jésus Christ. Les chrétiens protestants vont au temple ; les chrétiens orthodoxes, à l'église orthodoxe.*

Les mots difficiles

Baptême, baptiser : en grec, « baptême » veut dire « plongée ». Celui qui reçoit le baptême est plongé dans l'eau comme dans la vie nouvelle donnée par Dieu.

Bénit : se dit d'un objet qui a reçu une bénédiction, une prière, par le prêtre.

Catholique : cela veut dire « universel », en grec. C'est aussi le nom d'une famille de chrétiens.

Disciples : ce sont les amis de Jésus, ceux qui le suivent.

Encens : c'est une poudre que l'on fait brûler pendant la prière et qui libère un parfum.

Foi : avoir la foi, c'est croire en Dieu, lui faire confiance.

Hébreux, peuple hébreu : c'est l'ancien nom du peuple juif.

Juifs, peuple juif : c'est le peuple de la Bible avec lequel Dieu a fait alliance.

Jeûne, jeûner : se priver de nourriture.

Judée : c'est la région montagneuse autour de Jérusalem.

Loi : c'est l'ensemble des commandements que Dieu a donnés au peuple juif.

Martyr : lorsque les chrétiens sont persécutés, c'est un chrétien qui choisit de mourir plutôt que de ne plus être chrétien.

Méditer : réfléchir et prier.
Quand on médite la Bible, on la lit et on la garde en silence dans son cœur.

Messe : c'est la réunion des chrétiens catholiques. Ensemble, ils lisent la Parole de Dieu dans la Bible et partagent le pain en souvenir de Jésus.

Messie (en hébreu)**, Christ** (en grec) : ces noms veulent dire « marqué d'huile pour une mission ». Les juifs du temps de Jésus attendaient le Messie, un roi puissant envoyé par Dieu.
Moine : c'est quelqu'un qui a choisi de vivre à l'écart et dans le silence pour prier Dieu.
Myrrhe : c'est une crème parfumée et précieuse.
Mystère : c'est quelque chose que l'on n'a jamais fini de découvrir et de comprendre.
Orthodoxes : ce sont des chrétiens qui sont séparés des chrétiens catholiques depuis le XIe siècle. Ils vivent surtout en Orient.
Péché, pécher : c'est s'éloigner de Dieu et des autres.
Pénitence : faire pénitence, c'est regretter de s'être éloigné de Dieu et d'avoir fait du mal aux autres.
Prophète : dans la Bible, c'est une personne qui parle au nom de Dieu.
Protestants : ce sont des chrétiens qui ont « protesté » contre l'Église catholique au XVIe siècle. Leurs idées ont été rejetées par le pape, alors ils ont créé d'autres Églises.
Réconcilier (se) : c'est faire la paix, redevenir amis.
Sauveur : Dieu est appelé Sauveur parce qu'il libère les hommes du mal et de la mort en leur donnant son amour et en leur apprenant comment aimer.
Seigneur : c'est un nom donné à Dieu dans la Bible.
Temple : le Temple, c'est la maison de Dieu pour les juifs du temps de Jésus, à Jérusalem. Le temple, c'est le lieu où les chrétiens protestants se rassemblent pour prier.
Théologien : c'est une personne dont le métier est de lire et de réfléchir pour comprendre qui est vraiment Dieu et pour aider les autres à comprendre.